Über diese Auswahl

Meine Gedichte sind überwiegend dadurch entstanden,
dass ich vor vielen Jahren begann, mir Alltagsstress, Frust
und andere Geschehen im wahrsten Sinn des Wortes
von der Seele zu schreiben.
Durch diese neue Art, Ereignisse, Gefühle und Gedanken
besser zu verarbeiten, wurde ich mit Energie geradezu
überschüttet. Nachfolgend habe ich eine Auswahl,
quer durch meine Gedankenwelt zusammengestellt.

Wer mich kennt, kann meine Gedichte sicherlich „einsortieren".
Wer mich nicht kennt, möge sich selbst „einen Reim"
darauf machen!

Ich wünsche dem Leser nun viel Freude und anregende Lektüre
mit meiner Gedichtsammlung.

Norbert Scheurig

Herstellung und Verlag:
Books on Demand GmbH, Norderstedt
ISBN 978-3-8423-4348-1

Natur

Natur, Natur du trauerst schon,
du müsstest sterben jammerst du,
diesmal kämst du nicht davon,
man drücke dir die Kehle zu.

Deine Adern, die Bäche, Flüsse und Seen,
dein Körper, die Wälder, Wiesen, Berg und Tal,
vergifte man mit Säure und Arsen,
selbst die Tiere wittern deine Qual.

Deine Nahrung, der Regen wäre sauer und schwer,
deine Atemluft stänke nach Rauch und Benzin,
Natur, Natur du willst nicht mehr,
so hätte dein Leben keinen Sinn.

Aber Natur, du wirst schon sehen,
lass nur noch einige Zeit vergehen,
dann wird der, der dir so große Wunden schlug,
sich selber schlagen, Zug um Zug!

Alles nur Illusion

Die Angst der großen Worte,
sensibel und bescheiden nehmen wir sie auf,
doch wir sollten wachsam sein.
Alles ist Illusion,
das Leben, der Mensch, die Natur,
nur Trugbilder unserer Augen.
Hunger nach Liebe zerreißt unsere Seele,
keiner wird satt.
Die Saat ist nicht aufgegangen!
Und wenn wir mit dem Universum verschmelzen,
wird uns diese Eigenschaft fehlen.
Glaubt mir!
Alles ist Illusion,
Reichtum und Macht,
Hab und Gut,
einfach alles Illusion,
einfach alles.

Wir

Stürme, Katastrophen, Hunger, Elend und Not,
die halbe Menschheit ist ohne Brot!
Die andere Hälfte ist stumm und taub,
heilige Bücher sind voller Staub.
Vulkane leben, die Erde glüht,
des Menschen Sünde wird gesühnt.
Getöse, Blitze, Menschenwerk zerbricht,
Bäume beugen sich vor Gottes Angesicht.
Hagel prasselt auf uns hernieder,
wir beten und singen heilige Lieder!
Vergessen sind Worte wie arm oder reich,
denn plötzlich sind wir alle gleich!!!

Berggigant

Am Berggigant ein kleiner Wald,
geschützt in einer Senke,
jeder Baum und jeder Strauch,
sind göttliche Geschenke.

Wer ihn erblickt, wer in ihm ist,
glaubt sich im Paradiese,
als ob Natur an diesem Ort,
in wilder Wollust sprieße.

Morgenrot, Sägen kreischen, Bäume fallen,
die Herzen stehen still
und nur, weil ein Hotelkonzern,
noch reicher werden will.

Nach einem Jahr kann man ihn sehen,
ein Klotz aus Beton und Stahl,
ich weine still,
die Haut wird bleich und fahl.

Hotel „Waldeslust" wurde er genannt,
makaber aber wahr,
es ist als ob der Berggigant,
einen toten Berg gebar.

Winterzeit viel Eis und Schnee,
der Berg erzittert leise,
Lawinen viele riesig groß,
beginnen ihre Reise.

Am Berggigant ein kleiner Wald,
der hat sie aufgehalten,
jeder Baum und jeder Strauch,
sie tausendfach gespalten.

Nun rollen sie ins Tal hinab,
und werden dort zum Massengrab!

Brennt es in euer Hirn

Baut nun schnell ihr armen Leute,
viele schützend Wehre,
am besten tut ihr es schon heute,
für Freiheit und für Ehre.

Hört endlich auf zu weinen,
und jammert nicht so sehr,
fangt an euch zu vereinen,
dies ist doch nicht so schwer.

Zeigt ihnen, dass ihr mutig seid,
Jenen, die nie die Wahrheit sagen,
seid ab nun dazu bereit,
sie alle zu verjagen.

Sind sie verschwunden aus dem Land,
wird alles wieder besser,
reicht einander euch die Hand,
und öffnet ein paar Fässer.

Nur gemeinsam ist man frei,
befreit von Not und Qual,
die Sklaverei ist nun vorbei,
denn ihr seid in der Überzahl.

An eines sollt ihr aber denken,
brennt es tief in euer Hirn,
lasst euch nie von anderen lenken,
bietet ihnen eure Stirn!

Weit oben

Auf der Karriereleiter mächtig weit oben angekommen,
gewonnen?

Freunde verloren!
Frau verloren!
Charakter verloren!
Seele verloren!

Keiner ist mehr da,
der dich trägt,
der dich auffängt, wenn du fällst,
der dich in die Arme nimmt,
der deine Tränen trocknet,
der dir neue Hoffnung gibt.

Du hast gewählt!!!

Unserer Erde Qual

Horrorstürme überfallen unser Land,
Hochwasser quält die blühenden Auen unserer Flüsse.
Landschaften versinken im Schlamm.
Jahreszeiten verändern sich dramatisch,

Aber wir sind blind!

Die Natur schreit ihre Schmerzen heraus.
Schwere Gewitter richten große Schäden an.
Hagelkörner peitschen auf unsere Dächer,
einige rufen laut, „kehrt um"!

Aber wir sind taub!

Aus Gründen des Profits wird unser Essen verfälscht,
Haltbarkeitsdaten werden geändert.
Wir kaufen Gammel und freuen uns, ein Schnäppchen gemacht zu haben.
Mancher bemerkt den Schwindel.

Aber wir sind dumm!

Die Natur erblüht in Farben, wie sie noch keiner sah.
Tiere sind frei!
Nie mehr Legebatterien,
nie mehr Schlachtvieh,
nie mehr überfüllte Tiertransporte,
nie mehr industrielle Schlachtung.
Unser Planet lebt wieder!

Denn wir sind tot!

Immer tiefer

Meine Gedanken dringen tief ins Universum,
immer tiefer.
Ich sehe Farben, wie sie vor mir noch keiner sah,
sie verschmelzen, um dann zu explodieren,
immer tiefer.
Mir wird heiß, doch es ist kalt,
immer tiefer.
Vorbei an gewaltigen Planeten und Sonnen,
Licht und Dunkel weisen mir den Weg.
Gasblasen wie riesige Tränen einer einsamen Frau,
mir wird kalt, doch es ist heiß.
Flackernde Lichter wie brennende Kerzen,
ich lebe, ich sehe, ich liebe.
Formen wie Eiskristalle am winterlichen Fenster,
eine Sonne entsteht,
immer tiefer. Bin ich wahnsinnig? Immer tiefer,
schwarz nichts als schwarz,
am Zenit meiner Gefühle angelangt.
Zurück, zurück...
„ZU SPÄT"!

Das Glücksschwein

Traurig blickt das Glücksschwein,
die Augen sind feucht.
Denen es Glück gebracht,
haben Wälder und Wiesen verseucht.
Sie kennen keine Liebe mehr,
ob zu Mensch oder Tier,
nur Taschen voll, Profit und Gier.
Doch die Seele verhungert ohne Liebe!
Welt ohne Gerechtigkeit,
ohne Moral.
Das Wasser des Lebens
schmeckt bitter und schal.
Ihr lebt!
Doch eure Herzen sind tot.
Sogar Kinder lasst ihr in Not.
Doch ich sage euch,
Heuchler und Egoisten,
Gott der Herr,
wird selbst den Stall ausmisten!

Schreit oder Schweigt

Glorreiche Tage? Vergangenheit!
Ein großer Sieg des Kapitals.
„Sozial" wurde zum Unwort des Jahres gewählt,
die Tage des kleinen Mannes sind gezählt.
Starker hilft Schwachem,
nur noch lachen.
Globalverbrecher werden die Herrscher von morgen!
Arbeiterkinder hungern!
Wie lange noch?
Wie lange?
„Wacht auf"!
Wir sind die Starken!
Wir sind in der Überzahl!
Schreit,
schreit nach Gerechtigkeit!
Oder schweigt,
für immer,
schweigt.
Dann habt ihr verloren!
für immer!!!

Gedanken Ende 2006

Heute kommt der Nikolaus,
wie jedes Jahr am sechsten Dezember.
Doch leider nicht mehr zu mir.
Als er meine Gedanken las, hat es ihn gegraut!
Er floh vor Bestürzung in die Weiten des Universums.
Nikolaus, komme schnell,
die Kinder warten.
Schade, dass du nicht zu allen Kindern der Welt kommen kannst,
zu jenen die vor Hunger schreien,
die nach Liebe flehen.
Zu solchen, die nach Gerechtigkeit bitten.
Bist du nur für Kinder zuständig, deren Eltern deinen Sack
gefüllt haben,
oder gibt es dich gar nicht?
Nur eine Einbildung,
von Menschen der heutigen Zeit,
die am reich gedeckten Tisch sitzen
und unzufrieden sind, weil ihre Lieblingsspeise nicht dabei ist...
Du auch,
korrupt?!
Herzlichen Dank für deine langjährigen Dienste,
aber du bekommst ja nun Rente,
wie Politiker und höhere Beamte.

Danke und Tschüss

dein Norbert!

Hungerleider !

Halleluja seid gegrüßt,
Hungerleider dieser Welt,
ihr habt für Sünden schon gebüßt,
nur dies am Ende zählt.

Betteln das war euer Tag,
im Abfallhaufen wühlen,
ohne Worte ohne Klag,
keiner kann mitfühlen.

Niemand hat mit euch geteilt,
ob Tränen oder Sorgen,
an eigener Zukunft ward gefeilt,
für euch gab es kein Morgen.

Einmal wird der Himmel brennen,
Schwefel fällt herab.
Die Zeit wird man euch noch nicht nennen,
doch kommt der letzte Tag.

Dann werden Hungerleider groß,
andere werden klein,
sie sitzen in des Gottes Schoß,
Gerechtigkeit muss sein!

Lanzarote

Als ich dich zum ersten mal sah,
kein Grün, kein Blühen,
hats mich gegraut.
Doch als ich näher hin geschaut,
besser ward mit dir vertraut,
hab ich mich in dich verliebt.
Strände gebaut von Gottes Hand,
Höhlen wie Adern durch lebende Körper,
ein kleiner See,
mit Tieren aus ewiger Zeit.
Vulkane erstrahlen im Sonnenlicht,
ein Farbenspiel, man glaubt es nicht.
Zitronengelb, Orange dann Dunkelrot,
wer dies nicht sieht,
ist innerlich tot.
Dann schwarze Flächen,
wie Schatten der Wolkenwelt.
Auf dir bin ich dem Anfang nah,
auf dir ich auch das Ende sah.
„Lanzarote",
du bizarres, steiniges Land,
ich reich ab nun dir meine Hand.
Verbunden auf ewig, das schwöre ich dir,
gern bliebe ich für immer hier.

Einst im Frühling komme ich wieder,
und lass mich hier für immer nieder!

Die Lichter sind erloschen

In den kühlen Gräbern der alten Heldenschar
entspringt die Wahrheit des eigenen Ich.
Jedoch schweigen die Gesetze unter der Dummheit und dem
Wahnsinn.
Alle Lichter sind erloschen!

Hell und klar, voller Schönheit und Kraft,
einst in den alten Zeiten,
bis weit hinein ins Paradies,
ausgeblasen vom Irrsinn der neuen Schar.

Selbst tausend Lichter von ihnen
ersetzen nicht einmal den Funken eines alten Streiters.
Helden werden nie geboren,
sondern gemacht.

Die Bäume der Verlogenheit tragen viele süße Früchte,
Machtgier, Habgier, Egoismus, Charakterlosigkeit.
Alle sind bereits gut satt!

Gezeichnet mit dem Siegel der Dummheit,
weithin sichtbar, bis tief in den Höllenschlund.
Seelenlose Hüllen.
Verloren!

Erwacht ihr Helden, erwacht!

Trauriger Mond

Trauriger Mond, weine nicht,
wenn auch fast das Herz zerbricht.
Dein Mitleid ist dem Mensch egal,
auch bei der größten Seelenqual.

Ihre Seelen sind vor lauter Leiden
gestorben schon seit langen Zeiten.
Nur noch Hüllen ohne Herz,
„Mond", vergesse deinen Schmerz.

Sie werden bald hinweggefegt,
der Grundstein wurde selbst gelegt.
Ihr Gold, ihr Geld, ihr ganzer Kram,
verschwindet tief im Ozean.

Die Augen auf und sehen,
wie Winde durch die Bäume wehen.
Die Ohren auf und hören,
Musik von vielen tausend Chören.

Keine Kriege, kein Geschrei,
für dich ist dieser Spuk vorbei.
Nie mehr Rauch, Benzingestank,
Halleluja, Gott sei Dank.

Das Gericht

Schweig still, die Richter kommen,
Kinder stehen in Reih und Glied.
Den Guten, Schlechten und den Frommen,
verschlägt es Sprache, Sang und Lied.

Für deine Taten nun bezahlen,
oder du wirst reich belohnt.
Auf ihrer Liste viele Namen,
keiner, keine wird geschont.

All dein Wirken, alle Taten,
abgewogen und gezählt.
Auf der Waage des Gerechten,
welchen Weg hast du gewählt.

Gingst du einen schlechten Weg,
bequem und breit und leicht bergab.
Wirst du nun hinweggefegt,
egal von wem du stammtest ab.

Wähltest du den guten Weg,
steinig, steil und aufgeweicht.
Du hast nach „Seinem" Wort gelebt,
den rechten Platz erreicht.

Sie kam

Sie kam
und nahm
und nahm.
Als nichts mehr zu nehmen war,
ging sie
wie sie
gekommen war!

Nur Leben

Weit draußen, dort
im Lande der Unschuld,
wo die großen Worte weinen,
Giganten des Seins,
erheben sich aus dem Sumpfe der Trauer.
Einsamkeit verrottet auf den Feldern der Seligkeit.
Früchte der Bosheit verfaulen
auf Bäumen der alten Zeit.
Lebendigkeit pulsiert in den Adern des neuen Denkens.
Keine Arbeitslosigkeit, keine Armut.
Keine Politik, keine Reformen.
Keine Lieblosigkeit, kein Neid, kein Hass,
NUR LEBEN!!!

Viele steigen nicht

Bis zu seinem selig Ende
trug er die schwersten Lasten,
doch plötzlich kam die große Wende,
jetzt darf er auch mal rasten.

War immer freundlich, hilfsbereit,
von anderen verlacht,
ab heute ist es nun soweit,
„er" wurde groß gemacht.

Heut an seinem Todestage
steigt er hinauf zum Licht,
für viele eine neue Lage,
denn sie, sie steigen nicht!

Ansichten eines Alien

Wachstum, Mehrwert Politik,
habt ihr nicht mehr in eurem Hirn?
Liebe, Freude und Musik,
das gibt dem Leben neuen Sinn.

Ihr seht nur Reichtum, Geld und Macht,
könnt ihr nicht einfach glücklich sein?
Wann habt ihr zuletzt gelacht?
Eure Herzen sind aus Stein.

Ihr feiert große Feten,
fahrt im großen Blech herum,
andere nur treten,
Kinder sind hilflos und stumm.

Ihr baut Paläste, riesig Turm,
„Spezies Mensch", dem Tod geweiht?
Drum werdet kleiner als ein Wurm,
sonst ist das Ende nicht mehr weit!

Chor der Chöre

Der Chor der Chöre singet Lieder,
wundersam, doch angenehm.
Viele Stunden immer wieder,
könnt ihr nicht hören, nicht verstehen?

Sie singen von Gerechtigkeit,
von Menschlichkeit, vom Geben.
Mensch, bist du noch nicht bereit
nach diesem Lied zu leben?

Zarte Töne von Gitarren
voller Glück und Freude.
In Ehrfurcht müsstet ihr erstarren,
ihr seht nur Macht und Beute.

Alle Lieder sind verklungen,
der Chor der Chöre weinet still.
Kein Lied an euer Ohr gedrungen,
da es niemand von euch hören will.

Lebt weiter im geschlossenen Kreis,
niemals seid ihr frei.
Bezahlt nun diesen hohen Preis,
bald ist es vorbei!

Die alte Windmühle
(und ich)

Einsam steht die Windmühle
im stürmischen Land.
Sie, die schon manchem Sturm getrotzt,
verrottet und verfällt.
Jubelnd stand sie im Wind!
Man braucht sie nicht mehr.
Ihre Windflügel hängen herab
wie die Arme eines alten Mannes.
Ersetzt durch Maschinen aus Stahl,
verloren in unserer neuen Welt,
ihr Fundament bröckelt!
Regentropfen rollen wie Tränen von ihr herab.
Ich weine mit ihr.
Ängstlich sehe ich in die Zukunft,
wann ersetzt man mich?
Oder bin ich bereits ersetzt?
Mensch oder Maschine,
gedankenlos,
manipuliert...
Ich?

Asylanten

Sie kamen von weither,
deutsche Sprache schwer,
sie müssen sehr schnell lernen,
sonst wird man sie entfernen!

Einsam und allein,
im kleinen Kämmerlein,
einst kamen sie aus einer Welt,
wo Leben keinen Cent mehr zählt!

Sie suchten Frieden, Glück,
nun schickt man sie zurück,
wegen unserer Leitkultur
sind sie halt hier Barbaren nur!

Zu Hause angekommen,
hat man sie vernommen,
manche schickt man in den Knast,
andere hängt man an den Ast!

Die Unschuldslämmer, das sind wir,
was wollten sie auch alle hier?
Wir können doch nicht allen geben,
teilen und mit ihnen leben!

Christen werden wir genannt,
dies ist in aller Welt bekannt.
Doch ob wir wirklich christlich sind,
das frag ein Asylantenkind!

Trauerwald

Im Walde der ewigen Trauer
sind Fangeisen des globalen Unsinns bereits ausgelegt.
Trotz Stille und Befangenheit
schnappen diese knirschend zu.
Hört uns,
glaubt!
Tannennadeln stechen,
Eichenbäume fallen
wie Grashalme im Sturm der Verdammnis.

Aragons Fesseln verzehren das Heldentum,
Frauen gebären Verlorene,
Verlierer der heiligen Zunft.
Am Ende aller Tabus.

Sterben ist Tod,
leben ist Not.

Sünden der Ehemaligen
wurden in Stein gemeißelt.
Unleserlich.

Unwichtig!

Giftige tiefgrüne Wolken beenden Falschheit und tote Worte.

Die Erde lebt... Hurra!!!

Ein Menschlein wurde heut geboren

Ein Menschlein wurde heut geboren,
es ist zu großem auserkoren,
einst wird es ein König sein,
und schuld am Tod von vielen sein!

Ein Menschlein wurde heut geboren,
es ist zu größerem erkoren,
es weist den König in die Schranken,
viele werden es ihm danken!

Ein Menschlein wurde heut geboren,
zu allergrößtem auserkoren,
einst wird es ein Prediger sein,
das von Liebe spricht und von Verzeihn!

Ein Menschlein wurde heut geboren,
zum Malocher ist es auserkoren,
es wird ein Mensch der Arbeit sein,
und kann sich nie davon befrein!

Ein Menschlein wurde heut geboren,
zum Erfinder ist es auserkoren,
einst wird es den Stoff entdecken,
der die Menschheit lässt verr..... !

Kein Menschlein wird nun mehr geboren,
das zu irgend etwas auserkoren,
die großen Chancen sind vertan,
ein Feuerblitz war schuld daran!

Zornigsturm

Von Totenmasken scharf beäugt
fegt er wutwild über Land und Meer.
Menschenwerk zerbricht im Dämmerlicht der Trauer!

Areale der Gnadenlosigkeit
verschlingt er mit unersättlicher Gier.

Den Richterspruch des Tribunals
vollstreckt er erbarmungslos.

Takelagen der Unmoral vergehen
im Strudel seines Zorns.
Hilfeschreie münden im Winseln nach Gnade.

Nach Tagen der Reinigung legt er sich ermüdet nieder.
Vollbracht!

Raum und Zeit vereinigen sich,
gebären Leben als Bund der neuen Zeit,
in Ewigkeit!

Der Troubadour

Frierend steht der Troubadour
am Platz in einer Ecke,
er spielt die schönsten Lieder nur,
allein für gute Zwecke.

Ein alter Hut, der vor ihm steht
ist leer seit langer Zeit,
und jeder der vorübergeht,
zum Geben nicht bereit.

Der Menschen Einkauf ist beendet,
voll bepackt mit Kaviar und Wein,
kein Cent wird dann gespendet,
nicht mal ein Lächeln bringt die Aktion ihm ein.

Ein kleines Mädchen nähert sich,
er spielt die schönsten Lieder,
zum Hut, vor dem ein jeder wich,
beugt sie sich schnell hernieder.

Sie beginnt den alten Hut zu füllen,
er spielt und weint vor lauter Glück,
dies wird sehr viel Hunger stillen,
das Mädchen geht und blickt nicht mehr zurück.

Es schließen sich mit einem Schlag,
seiner Seele Wunden,
bevor er sich bedanken mag,
ist das Kind verschwunden.

Sperrmüll

Mein alter Stuhl steht auf der Straße,
von Gerümpel umringt.
Der Stuhl, auf dem einst mein Großvater saß,
nass vom Regen.
Die Lehne brüchig,
wie der Frieden auf der Welt.
Wurmstichig,
nichts mehr wert,
einfach alt,
er wird entsorgt.

Meine Gedanken rasen.
„Wann" werde ich entsorgt,
einfach so,
morgen?
In zwei Jahren?
Die Müllmänner kommen.
Schnell nehme ich meinen alten Stuhl,
auf dem einst mein Großvater saß.

Große Freude erfasst mich.
Ich bringe ihn zurück auf seinen Platz,
meinen alten Stuhl.

Kaviar und Sekt

Die Zeit der Freude bald zu Ende,
zu üppig haben wir gelebt,
wie in Sodom, so zerfallen Wände,
falsche Ziele wurden von uns erstrebt.

Wir kannten Kaviar und Sekt,
vom besten nur das beste,
im Urlaub lang gestreckt,
feierten große Feste.

Oft lebten wir sehr zügellos,
ohne Moral und Werte,
alle waren gerne groß,
was Menschlichkeit verzehrte.

Keine Religion, kein Beten,
wir sind doch reich und satt!
Götzen wir erhöhten,
Liebe lehnten wir ab.

Für andere Menschen einzustehen,
ihre Leiden mitzutragen,
ist bei uns noch nie geschehen,
immer nur versagen.

Einmal kommt der Tag für jeden,
weil jedermann vergänglich ist,
es hilft kein schimpfen oder beten,
keine Tücke oder List.

Wir nahmen alles mit im Leben,
Essen, Trinken ganz egal,
den Armen nie ein Brot gegeben,
im Himmel sind wir zweite Wahl!

Das Dorf am Ende der Welt

Im Dorf am Ende der Welt
herrscht Friede unterm Himmelszelt.
Verschlafen liegt es an einem See.
Im Sommer ist es heiß, im Winter gibt es Schnee.
Die Natur ist im Gleichgewicht mit Mensch und Tier.
Auf der Weide stehen drei Kühe, ein Stier.
Es gibt sechs Häuser und eine Kapelle,
zum Glück gibt es keine Bushaltestelle,
kein Motorengebrumm, kein Kreischen und kein Geschrei.
Die Zivilisation geht hier noch vorbei.
Keine Kneipe, wie wir sie kennen,
einen kleinen Raum, den sie Wirtschaft nennen,
man trinkt eigenen Most und eigenen Wein,
gegessen wird natürlich vorher daheim.
Tagsüber wird der Raum als Schule benutzt,
samstags wird geschmückt und geputzt.
Sonntags wird in der Kapelle die Messe gelesen,
von einem der früher Priester gewesen.
Alle sind glücklich, alle sind frei,
doch eines Tages war dies vorbei.
Es kamen Anwälte von einigen Bossen,
sie sagten, dieses Land wird für Touristen erschlossen.
Sie hielten Kaufverträge in der Hand,
genehmigt, gestempelt von Regierung und Land.
Jahrhunderte zählten hier Handschlag und Wort,
alle Bewohner mussten fort.
Was hier geschah ist ein Verbrechen,
darum muss man die Macht von den Bossen brechen!
Ihr Glücklichen, ihr Armen dieser Welt,
erhebt euch gegen Reichtum und Geld.

Gut Gebaut
(Für meinen Vater Reinhard)

Du warst bescheiden, nicht sehr laut,
du hast dein Leben gut gebaut.
Geholfen, wenn zu helfen war,
zu jeder Zeit, für dich wars klar.

Du warst niemals bei den Leuten,
die alles mit Betrug erbeuten.
Ehrliche Arbeit für dein Geld,
du warst ein „Guter" dieser Welt.

Du warst niemals zu verbiegen,
immer bist du Mensch geblieben.
Geradeaus, das Haupt erhoben,
ohne Tücke, nie gelogen.

Wenn du auch nicht mehr bei mir bist,
jeden Tag wirst du vermisst.
Der Tag wird kommen, glaube mir,
dann steh ich wieder neben dir!

Piccolo – Grande

Er war der kleinste hier auf dieser Welt,
harte Arbeit wenig Geld.
Glücklich war er immerdar,
weil er rein im Herzen war.

Mit jedem Menschen, den er kennt,
ob Bekannter oder fremd,
teilte er sein letztes Brot,
lindert damit größte Not.

Selbst Tiere, die die anderen traten,
ihn um seine Liebe baten,
nahm er alle bei sich auf,
Spott nahm er dabei in Kauf.

Er spendet Trost für jedermann,
so gut als möglich er es kann.
Helft mir bitte, bin sehr krank,
ließ man ihn allein zum Dank!

Es kam der Tag, er ging ins Licht,
auf Erden war er nur ein Wicht.
Er ging nun heim ins Paradies,
das ihn zum Größten werden ließ.

Trauerrede des Universums

Liebe Trauergemeinde!

Heute habt ihr alle erlebt,
wie ein gewaltiger Blitz das Universum erleuchtete.
Es war der blaue Planet,
am Ende der Milchstraße.
Es war die Heimat der Spezies, die sich gegenseitig umbrachten,
man nannte sie „Menschen".
Keiner konnte genug bekommen,
ganz anders als bei uns.
Bei uns gehört jedem alles und nichts!
Es war eine unterentwickelte Rasse,
Barbaren!
Sie ließen die, die in unfruchtbaren Regionen lebten, einfach verhungern,
auch Kinder,
einfach so.
Eben Barbaren,
gefühllos,
ehrlos.
Sie haben von ihrem Planeten immer nur genommen,
nie gegeben!
Bis er fast tot war.
Für die restlichen Krümel ihrer Welt führten sie grausame Kriege.
Einige von ihnen haben gewarnt vor dem heutigen Tag,
sie wurden ausgelacht!
Barbaren.

„Wir sind nicht so"!
Wir geben mehr als wir nehmen.
Darum leben wir
und sie sind tot!

Leider nur ein Traum

Traumhaft schöner Morgen,
Morgenrot, wie mit zarten Aquarellfarben gemalt.
Eine Mischung aus betörendem Blumenduft
erreicht meine Geruchsnerven.
Wunderbare Ruhe!
Wo sind die Menschen
mit ihrer Geschäftigkeit und Hektik?
Keine Motorengeräusche, kein Getöse.
Alles ist anders.
Wo bin ich?
Im Paradies?
Das Atmen der Luft erfüllt mich mit ungeahnter Energie.
Ich hüpfe umher wie ein Kind!
Blumen in herrlicher Farbenpracht umgeben mich.
Ein Vogel, wie ich noch keinen sah,
lässt sich auf meiner Schulter nieder.
Ein Rudel Rehe kommt mir entgegen,
eines reibt den Kopf an meiner Seite.
In den Augen ein zufriedenes, glückliches Leuchten.
Ich lebe, ich bin Mensch!
„Plötzlich"!!!
Ein schriller, schrecklicher Ton,
mein Wecker.
Leider nur ein Traum,
ich schaue aus dem Fenster,
der Himmel ist grau,
es regnet.

Andere Dinge

In der Stunde des Todes sind alle Menschen gleich,
einer älter, einer jünger, einer ärmer, einer reich.
In der Sekunde, wenn die Seele den Körper verlässt,
bleibt alles zurück,
Freunde und Feinde,
Hab und Gut,
Titel und Orden.
Es spielt keine Rolle, ob du Arbeiter oder Manager warst,
gerecht oder ungerecht,
laut oder leise,
cool oder nicht cool.
Ganz allein, auf sich selbst gestellt,
das zweite mal im Leben,
ohne Familie,
ohne Anwalt,
ohne Staat.
Jedoch hüte dich zu denken jetzt hättest du es geschafft!
Wenn du vor deinem Schöpfer Rechenschaft ablegst,
zählen andere Dinge,
als die, die dir im Leben wichtig waren!

Verzeiht uns!

Verzeiht uns, Kinder dieser Welt,
wir haben den letzten Baum gefällt,
die letzten Blumen sind gepflückt,
nur Wüste ließen wir zurück.

Euch bleibt nur noch Qual und Staub,
wir waren alle dumm und taub,
von uns wurde eines nicht bedacht,
dass die Natur dies nicht mitmacht.

Was alles eigentlich euch gehört,
wurde ausgebeutet und zerstört,
unersättlich unsere Gier,
nahm der Erde letzte Zier.

Verzeiht uns, Kinder dieser Welt,
euer Erbe ist nur wertlos Geld,
Schlechte Luft und Blechlawinen,
riesengroße Steinruinen.

Das Licht

Ein heller goldener Schein,
dringt zum Fensterschlitz herein.
Als wollte er mir sagen,
folge mir, du wirst vom Licht getragen.

Meine Gedanken, meine Sinne,
vernehmen diese leise Stimme!
Mir scheint, als trüge mich das goldene Licht,
bis zum Scheitel, wo es bricht.

Ich spüre Liebe, Wärme, Güte,
mir ist, als ob ich in den Himmel stiege.
Immer höher, hoch hinauf,
das Licht ist da, ich bin wohlauf.

Plötzlich, dort...ein neues Land,
Menschen!! Sie heben ihre Hand.
Da! Auf der linken Seite ganz hinten,
sehe ich meine Großeltern winken.

Um sie herum ein Blumenmeer,
schnell will ich hin, es geht nicht mehr.
Ich steh vor einer unsichtbaren Wand,
mir ist, als gäbe das Licht mir seine Hand.

Das Licht sagt: „Schnell wir müssen gehen,
der Schöpfer kommt, du darfst ihn noch nicht sehen."
Bedrückt und traurig wende ich mich ab,
und gehe mit dem Licht den Stieg hinab.

Auf dem Weg zurück ins Leben,
voller Hoffnung, voller Segen,
kommt ein Gedanke in mir auf,
es geht weiter nach dem Lebenslauf.

Wenn einst die Seele aus dem Körper entweicht,
dann haben wir eine neue Stufe erreicht.
Ich freue mich sehr auf diese Zeit,
im Land der Liebe und der Freundlichkeit.

Der Clown

Er sieht sich um im Publikum,
er lacht,
macht viele Witze.
Doch wie es in seinem Herzen aussieht
geht keinen was an!
Er,
der Clown von jedermann.
Herzlich wird gelacht.
Oft macht er seine Späße mit Tränen in den Augen,
keiner sieht sie!
Helft mir,
flehend blickt er zu den lachenden Menschen.
Tosender Beifall!
Blumen und Plüschtiere wirft man ihm zu.
Er
verneigt sich artig,
Zugabe, Zugabe.
Plötzlich greift er an seine Brust,
das Publikum tobt!
Langsam sinkt er auf die Bretter der Manege,
die über fünfzig Jahre seine Heimat waren.
Die Zuschauer begreifen,
Totenstille!
Der Clown ist tot.
Er starb mit einem Lächeln auf den Lippen.

Der Clown ist tot!

Viele Grüße

Voller Trauer sitzt ein Bauer
neben dem Kartoffelfeld,
alle faulig, alle sauer,
für nichts hat er sein Feld bestellt.

Er geht weiter, sucht und sucht
und schreit ganz laut, "verdammt verflucht",
die vielen, vielen Futterrüben,
verschrumpelt auf dem Boden liegen.

Er denkt es wär ein böser Traum,
und geht zu seinem Apfelbaum,
zerfressen, faul und voller Wurm,
in seinem Herzen tobt ein Sturm.

Voller Panik, voller Schmerz,
fasst er sich nun an sein Herz,
plötzlich hört es auf zu schlagen,
der Bauer wird zu Grab getragen.

Viele Bauern und Natur,
geraten völlig aus der Spur,
nie mehr Obst und kein Gemüse,
der Tod lacht laut und viele Grüße.

Wie wird man nun den Hunger stillen,
mit künstlichem Gemüse und Pillen,
oder mit Maschinen und Strom
und Türmen aus Stahl und Beton?

Nur ein Strafplanet

Seit heute morgen „Acht Uhr Zehn"
kann man die Erde nicht mehr sehn,
entfernt aus des Universums Weiten,
für ewig und alle Zeiten.

Es gab keinen Grund mehr, sie an ihrem Ort zu lassen,
statt Natur gab es nur noch Türme und Straßen,
sie war einst eine Sensation,
fast ausgereift zur Perfektion.

Statt das Erbe unserer Kinder zu ehren,
wollten wir immer nur „mehr" begehren,
wir kannten nur uns selbst und Gier und Gewalt,
darum wurde die Erde nicht sehr alt.

Mitten aus ihrem Leben gerissen,
man wird sie, aber nicht uns vermissen,
um die Tiere von unserer einstigen Welt
ist es schade, denn sie strebten nicht nach Geld.

Eben nur ein Strafplanet,
wo man das Böse hin verlegt,
wir hatten die Chance, alles anders zu machen,
zu spät, vorbei mit lustig und lachen.

Manche sind noch frei!

Der Mensch in seinem Wahn
legt immer größere Scheunen an,
je größer die Scheune, desto größer die Macht,
über jene, die es noch nicht soweit gebracht.

Aber die Vögel am Himmel sind frei,
bald ist es vorbei!

Der Mensch wird plötzlich dumm,
fährt er in seinem Blech herum,
je größer, je schneller, je teurer sein Blech,
desto mehr wird er arrogant und frech.

Aber die Rehe im Wald sind frei,
bald ist es vorbei!

Der Mensch benimmt sich, es ist Hohn,
je höher seine Position,
ganz egal ist der Bereich,
Menschen sind nicht alle gleich.

Aber die Würmer in der Erde sind frei,
bald ist es vorbei!

Der Mensch, der an der Macht genascht,
ist davon selber überrascht,
meist artet es aus in Größenwahn,
irgendwer ist immer dran.

Aber die Fische im Wasser sind frei,
bald ist es vorbei!

Der Mensch, wenn er dann stirbt,
um einen Platz im Himmel wirbt,
fragt man ihn nach seinen Taten,
meistens kann er nichts verraten.

Die Toten der Welt sind frei,
für sie ist es vorbei!

Die Friedenstaube

Die Friedenstaube fliegt der Sonne entgegen,
verzweifelt von des Menschen Tat,
einen Olivenzweig und ihren Segen,
ließ sie zurück als letzten Rat!

Ihr wollt euch wieder bekriegen,
vom Wahnsinn schlimm gequält,
keiner wird hier siegen,
die letzten Tage sind gezählt.

Leichensäcke sind bereits genäht,
viele tausend Stück,
ein mancher war sehr tief bewegt,
nun gibt es kein zurück.

Industrie und Bombenmacher,
finden dieses „toll",
bei ihnen gibt es Freud statt Trauer,
denn die Kassen werden voll.

Was haben die Kinder euch getan?
Ihr beschießt sie mit Raketen,
seid ihr besessen vom Satan,
bald treffen euch Kometen!

Eure Töchter, eure Söhne,
viele kehren tot zurück,
von der Trompete ein paar Töne,
war das ihr Lebensglück?

Die Taube fliegt und fliegt und fliegt,
sie schaut sich nicht mehr um,
jeder seine Quittung kriegt,
was sind die Menschen dumm!

Gedanken

(Zum Frühling 2003)

Der Frühling kommt,
es ist ein Traum,
mit Rüschen, Samt und Seide.
Ein Meer voll Blumen, Blüten, Grün,
Bienen summen leise.
Die Luft erfüllt von Sang und Klang,
fröhliches Gezwitscher.

Der Mensch erwacht
aus seiner Lethargie,
Hektik, Stress, Gewürge.
Getöse, Hämmern, Sägen, Schreien,
kein lachen und kein tanzen.
Dies ist so und wird immer sein,
bis zum Ende seiner Tage.

Kehrt hier einmal Stille ein,
werden Menschen nicht mehr sein,
kein Schimpfen, kein Gewusel.
Die Erde wird zum Paradies,
weil man die Menschen fallen ließ.
Im Universum wird man es verstehen
und endlich neue Wege gehen!

Mit Prügeln und mit Stangen

Habt ihr es noch nicht bemerkt,
dass die Engel singen,
noch nie von der Musik betört,
sanft wie Vogelschwingen.

Vermutlich könnt ihr sie nicht hören,
da alle sind zu laut,
ich könnt bei meinen Ahnen schwören,
mir ist sie längst vertraut.

Niemand mehr, der in sich kehrt,
im Herzen tot und hart,
keiner auf die Engel hört,
sie sind zu leise und zu zart.

Auf eure Köpfe müsst man schlagen,
mit Prügeln und mit Stangen,
ihr würdet wieder „Danke" sagen,
wenn Engel für euch sangen.

Alles wieder gut

Die Kassen leer, der Staat bankrott,
für uns bleibt nur noch Schund und Schrott,
immer mehr habt ihr gestohlen,
in der Hölle sollt ihr einst verkohlen.

Ob sozial, ob christlich, ob grün, ob frei,
selbst Piraten warn dabei,
ihr habt unser Geld entnommen,
die Quittung werdet ihr bekommen.

Schlösser wurden für euch gebaut,
auf unsere Arbeitskraft vertraut
und wer von uns verbraucht und krank,
muss selber zahlen noch zum Dank.

Unterstützt habt ihr die halbe Welt
von unserem hart verdienten Geld,
für „Arme" sollte dieses sein,
heut ist das Geld in Liechtenstein!

Niemals hattet ihr genug,
wir zahlten gar den Urlaubsflug,
alles ließt ihr euch vergüten,
auch Putzfrau und Staubsaugertüten.

Ihr übt keinerlei Verzicht,
man sieht nun euer wahr Gesicht,
wir sollten was dagegen tun,
doch leider seid ihr all immun.

Damit nicht alles so verpufft,
zahlen wir für Atemluft,
sieben Cent für jeden Zug,
dann wird alles wieder gut.

Blutend und Allein

Die Königin der Torheit
schreit lauthals nach Hilfe,
hofft auf ein Wunder,
während Dunkel in tiefes Schwarz übergeht.
Im Grab der Wunden
gibt es weder Blumen noch ihren Duft.
Der Schatz blieb zurück
auf dem Schlachtfeld des Bösen,
blutend und allein,
von Freunden und Feinden umgeben!
Der Kampf ist zu Ende,
keiner hat gesiegt,
keiner hat verloren,
nur das Leben!
und das Glück!

Halleluja!

Halleluja, ich war im Land der Guten,
wo keiner muss für andere bluten,
alle Menschen lieben sich,
das gab mir einen derben Stich.

Kein Lug und Trug, kein böses Wort,
da muss ich schnellstens wieder fort,
selbst im Büro und bei den Bossen,
wird kein böses Blut vergossen.

Keine Reichen, keine Armen,
jedermann hat hier Erbarmen,
sogar der Löwe und das Gnu,
lächeln sich beim weiden zu.

Kriege, Qualen, Hass und Neid,
Körper oder Seelenleid
hat es hier noch nie gegeben,
ist dies alles zu erstreben?

Habgier ist hier unbekannt,
jeder hat den gleichen Stand,
Politik und Strafgericht,
gibts hier alles leider nicht.

Ich muss weg auf alle Fälle,
dorthin, wo Geld an erster Stelle,
wo „Kleine" „Große" größer machen
und dabei tanzen oder lachen.

Endlich wieder echte Kriege,
Korruption und Fußballsiege,
Kunstgemüse gepanschter Wein,
am schönsten ist es doch daheim!

Diagonal

Diagonal zur Mitte,
nach links noch ein Stück,
steht eine Hütte,
voller Geld und Glück.

Rechts davon,
ein Meter nach unten,
ein goldener Thron,
wenn er wird gefunden.

Findest du das Geld
und den Thron der Macht,
wirst du erwählt,
und zum König gemacht

Gehst du aber geradeaus
auf steinigen Wegen,
den Berg hinauf,
erwartet dich Gottes Segen.

Ich fand einen Menschen pur aus Gold,
ein Engel ging voran.
Das Glück der Welt war mir einst hold,
ist alles was ich sagen kann!

Das wars !

Leben und sterben,
kommen und gehen,
geben und erben,
man muss verstehen.

Blutrote Nacht,
Chöre singen,
Blumen voll Pracht,
Posaunen erklingen.

Herrliche Lieder,
das Wasser geweiht,
keiner ist Sieger,
bist du soweit?

Feuchte Erde,
taufrisch das Gras,
sechs weiße Pferde,
trinkt noch ein Glas.

Ewiges Leben,
Seelenheil,
wird man dir geben,
vom Universum ein Teil.

Trübsalbläser

Das große Trübsalblasorchester
spielt heute Abend wieder auf,
die Sinfonie vom Halbsemester,
alle Bläser sind gut drauf.

Sie blasen wie noch nie im Leben,
aus vollem Hals und voller Brust,
für jeden ists ein reicher Segen,
meistens die mit großem Frust.

Das Konzert ist nun zu Ende,
die Hörer stehen auf,
nun beginnt die große Wende,
Trübsal nimm jetzt deinen Lauf.

Ob auf Arbeit, ob im Klo,
die gute Laune ist vergangen,
Trübsal blasen macht uns froh,
mehr kann man nicht verlangen.

Und die, die keine Bläser sind,
sie lachen, tanzen, trinken,
bleiben jung und froh wie Kind,
das Glück wird ihnen winken.

Der goldene Schrein

Geh nicht allein
zum goldenen Schrein,
grausam ist der Weg,
nach dem letzten Steg.

Flammende Schwerter
von des Schreines Wärter,
bizarr der Todesbaum,
alles nur ein Traum?

Berge aus Eis,
eiskalt der Schweiß,
das Herz pocht laut,
aufs Glück vertraut.

Bist du am Schrein
und blickst hinein,
verzerrt ist dein Blick,
kein Gold und kein Glück.

Ein kleines Papier
liegt nur hier,
silbern sein Glanz,
auf einem Lorbeerkranz.

Lese genau
und werde schlau,
vergesse es nicht,
wenn alles zerbricht!

Im Herzen rein und klar,
wie man dich einst gebar,
herrlich das Gefühl,
am Ende ist das Ziel!

Was ist bloß los...

Mutlos, ratlos, arbeitslos,
Worte aus unserer Zeit.
Maßlos und gedankenlos,
dazu kommt Neid und Streit.
Lieblos, tonlos, leblos,
Menschen unter sich.
Gottlos, schamlos, keine Moral,
wir gehen durch ein dunkles Tal.
Perspektivlos und auch hoffnungslos,
zum Wandel nicht bereit.
Wortlos, haltlos heimatlos,
viele unter uns.
Planlos, endlos, ehrlos,
seelisch nicht gesund.

Was ist mit dieser Welt bloß los,
mein Hoffen war ergebnislos.

Braunerde

Spürst du nicht des Windes streicheln
zärtlich durch dein Lockenhaar?

Braunerde, wechsle dein Gewand,
leg das klirrend kalte, weiße ab.
Dein schönstes Kleid sollst du jetzt tragen,
voller Farbenpracht.

Gezwitscher und zirpen, voller Lust,
kannst du es nicht hören?

Maibäume sind noch immer kahl,
der Grat zum Tod ist schmal.
Wach auf!

Tiere aus Wiesen, Wald und Feld weinen bitterlich.
Menschen weinen nicht!

Bunter Teppich flieg

Bunter Teppich flieg,
flieg mit mir ins Mittagsland.

Wo der Holunder ewig blüht,
des Königs Schwerter rosten,
Palmkätzchen sich sanft im Winde biegen,
siegen.

Flieg Teppich flieg,
dorthin wo Grashalme im freien Wind sich wiegen,
lieben.

Mohnblumen lachen rot,
niemals tot.
Immerdar!

Geborgenheit im Schoße der Natur,
flieg Teppich flieg ins Mittagsland.

Gefunden? Oder nicht?
Suche weiter,
lebenslang!

Fort

In einer Stunde bin ich fort,
dies ist mein allerletztes Wort,
ihr werdet dies wohl nicht verstehen,
ich kann euch alle nicht mehr sehen!

Ich sag nicht tschüss, sag nicht ade,
meine Augen tun mir weh,
sah eure schlimmen Taten,
betrügen und verraten!

Niemals halft ihr denen,
die sich nach Hilfe sehnen,
lieber schlagt ihr auf sie ein,
drum kann ich nicht mehr bei euch sein!

Ihr saht nicht Armut und die Not,
saht immer nur euer eigen Brot,
die Bäuche habt ihr vollgefressen,
dadurch andere vergessen!

Euer Habe, euer Teil,
war euer größtes Seelenheil,
schnellstens will ich von euch weg,
egal an welchen Erdenfleck!

Ich kann euch länger nicht ertragen,
die, die nie die Wahrheit sagen,
lieber einsam und allein,
als länger noch bei euch zu sein!

Erntezeit

Wahrlich, wahrlich ich sage euch,
die schönen Tage sind gezählt.
Hört ihr nicht das knirschende Geräusch,
ihr habt den falschen Weg gewählt.
Eure Saat ist nun gereift,
die Zeit der Ernte ist gekommen.
In der Hoffnung, dass ihr jetzt begreift,
das Leichentuch ist schon gesponnen.
Der Tag wird zur Nacht, die Nacht zum Tag,
Bäume weinen still.
Die Erde befreit sich mit einem Schlag
vom Mensch und seinem Müll!

Der Turm der Gerechten

Der Turm der Gerechtigkeit hat tiefe Risse,
zur Ruine ist er verdammt!
Zukunft, ein Blick ins Ungewisse,
der Dachstuhl ist bereits verbrannt.

Zehn Prozent der Menschheit kennt keine Not,
Ungerechtigkeit darf nicht gewinnen.
Andere kämpfen um ihr täglich Brot,
die Erneuerung des Turms muss endlich beginnen.

Wenige haben das Geld und das Sagen,
ihre Macht ist grenzenlos.
Mitläufer stellen keine Fragen,
die Krümel der Bosse sind nicht sehr groß.

Sie bauen an ihrem Königreich,
anstatt am Turm der Gerechten.
Alle Menschen sind doch gleich,
die Guten und die Schlechten.

Der Teller des Reichtums ist gut gefüllt,
keiner will ihn teilen.
Stimmen der Armut haben zu leise gebrüllt,
Wunden würden heilen.

Das Ende des Turms ist nicht mehr fern,
die Statik war zu schlecht.
Mancher Mensch sieht dies sehr gern,
meist der, der nicht gerecht!

Ewiglich

Warst du ruhig und bescheiden,
ließest nichts und niemand leiden,
wird man dir im nächsten Leben,
einen besonderen Status geben.

Hast du still und gut gelebt,
nach Macht und Reichtum nicht gestrebt,
oft erniedrigt wie ein Wurm,
wirst du größer als ein Turm.

Andere Menschen nie getreten,
geholfen, wenn man dich gebeten,
nie aufgegeilt an des Tieres Pein,
wirst du an Seinem Tische sein,

Lebe ab nun die Menschlichkeit,
vielleicht bleibt dir nur kurze Zeit,
dein innerlichstes Ich,
lebt von nun an ewiglich.

Glück !?

Ich wollt erzwingen meinen Traum,
goldene Äpfel auf dem Baum,
Hab und Gut und viel, viel Geld,
ich wäre gern der reichste Mann der Welt.

Alles kaufen, alles haben,
was mehr als tausend Rosse tragen,
Reichtum war mein größter Gott,
heut bin ich fast vor Schmerzen tot.

Nun weiß ich erst, was glücklich macht,
noch nie hab ich daran gedacht,
voller Freude schlägt das Herz,
am Morgen aufstehn ohne Schmerz.

Die neue Welt

Nebel steigen, Regen fällt,
verändert hat sich unsere Welt.
Wenn einst die Blumen nicht mehr blühen,
keine Vögel durch die Lüfte ziehen,
Fische in Trance durch die Wasser schwimmen,
Bäume und Büsche im Feuer verglimmen,
wenn Wälder keine Wälder mehr sind,
der Acker keine Frucht mehr bringt,
Menschen keine Lieder singen,
Kinder auf der Schaukel nicht schwingen,
dann hat die Menschheit es vollbracht,
hat alles dies kaputtgemacht!

Rote Fahnen

(zu Ehren von Dr. Julius Leber,
Sozialdemokrat, ermordet 1945 in Berlin)

Siehst du die roten Fahnen wehen?
Viele tausend Menschen stehen,
die Faust erhoben, Gott zum Gruße,
zerschlagt die Macht und tuet Buße.

Sie nahmen alles, Arbeit, Brot,
stürzten uns in Qual und Not,
ab heut wird alles anders sein,
wir treten ihre Türen ein.

Kämpfen nun in Reih und Glied,
Fahnen wehen, uns ist der Sieg,
stolzer Blick, das Haupt erhoben,
keiner wird mehr weg geschoben.

Ohne Zukunftsangst und Sorgen
sehen wir aufs neue Morgen,
und immer, wenn die Fahnen wehen,
werden wir zusammenstehen!

Die letzten Worte vor seiner Ermordung durch die Nazis:
„Für Freiheit und Gerechtigkeit
ist der Einsatz des eigenen Lebens
der angemessene Preis!!!

Armer Tropf

Maschinen, Türme und Getöse,
Chemie, Computer, Reinerlöse,
nur dies habt ihr in eurem Kopf,
„Mensch", du bist ein armer Tropf .

Bodenlose Tiefen

Bodenlose Tiefen,
freier Fall,
Geister, die sie riefen,
aus dem Todes-Tal.

Das Universum lebt,
helles Licht,
Macht und Geld erstrebt,
armer Wicht.

Viele tausend Tote,
nach dem schlimmen Krieg,
des Sensenmannes Bote,
feiert seinen Sieg.

Glaub nicht ihren Phrasen
von Herrlichkeit und Pracht,
der Herr wird dich sonst strafen,
weil er dich kleiner macht!

Bittere Gefühle
(Gedanken Dez. 2007)

Das bittere Gefühl,
dass mich mein Arbeitsplatz umbringt
nagt an meiner Seele.
Es ist, als ob tausend spitze Dolche ins Herz gestoßen werden.
Am Anfang war es nur eine winzige Nadel,
doch mit zunehmendem Alter wurden es immer mehr.

„Aber wir schweigen"!

Wir Arbeitnehmer!

Durch ehrliche Arbeit sind wenige reich geworden,
nur bucklig und krumm!
Wir werden die Invaliden von morgen,
was waren wir dumm.

Aus Angst um Arbeitsplatz und Leben,
standen wir uns nicht mehr bei,
wir mussten unsere Gesundheit geben,
sind wir verbraucht, setzt man uns frei!

Kuren sind nötig, gibt es kaum mehr,
statt Medikamenten gibt es billigen Schund,
die Kassen vom Staate wären leer,
wir verstehen nicht aus welchem Grund.

Jahrzehnte wurden Steuern vom Lohn abgezogen,
beim Arbeitnehmer und seinesgleichen,
wir wurden immer nur angelogen,
von Politik, Unternehmen und Superreichen.

Was habt ihr mit unserem Geld gemacht?
Im Blödsinn wurde es ausgegeben,
die ganze Welt hat uns verlacht,
eure Arbeit war kein Segen!

Einige wollten sich ein Denkmal setzen
von unserer Arbeit Lohn,
einst wird man euch durch die Lande hetzen,
egal in welcher Position!

„Früher", da gab es eine Arbeiterpartei,
sie wären für uns gestorben!
Kurt, Herbert, Willy, schon lange vorbei...
Wir machen uns große Sorgen.

Gewerkschaften, bisher des kleinen Mannes Hüter,
sind nur noch stolz und stumm,
sie bewachen nur die eigenen Güter,
und wir bezahlen, was sind wir dumm!

Alle Räder stehen still, wenn ein starker Arm es will,
nur noch billige Phrasen,
sie sind satt und sie sind still,
man müsste sie wegblasen!

Kleine Frau und kleiner Mann, in diesem unseren Lande,
erhebt euch gegen Geld und Macht,
es ist die größte Schande,
wie man uns zu Sklaven macht!

Wir sind des Wohlstands Bauern
nach dem großen Krieg,
der Kampf wird lange dauern,
doch unser ist der Sieg!

Endlich, endlich mein Herz sich freut,
die Massen stehen auf!
Ein guter Tag, die Glocke läut,
neuer Lebenslauf!

Zwei Worte nur

Tausend Worte die nichts sagen!
Hundert Worte nicht zu verstehen.
Zwei Worte nur, kennst du sie nicht?
Sie heißen Liebe und Verzicht!

Das letzte Geschenk

Das letzte Geschenk
vom Pharmareferent
war die Pille für ewiges Leben!
Danach trug man ihn zu Grabe.
Herzliche Anteilnahme!

Flieg nie zu hoch

Der Schmetterling auf meiner Hand
flog einst fort ins andere Land,
suchend flattert er umher,
das finden fiel ihm gar nicht schwer.

Doch wie es oftmals ist im Leben,
die neue Hand konnte ihm nicht geben,
was die andere ihm gab,
Liebe, Wärme jeden Tag!

Plötzlich war der Schmetterling
in einem golden Käfig drin,
gerne möchte er zurück,
doch die Gitterstäbe sind zu dick.

Und die Moral von der Geschicht,
flieg nie zu hoch ins helle Licht.
Meistens wird man dort sehr blind,
weil Schmetterlinge eben Schmetterlinge sind.

Der Wasserfall

Tosend stürzt die Gischt
mit Gebrüll tief in das Tal,
nimmt mit was sie erwischt,
die schäumend Kraft macht alles kahl.

Millionen Tropfen fein wie Staub
wirbeln durch die Luft,
es ist als wollten sie hinauf,
zum Regenbogen, der sie ruft.

Tolle Farben leuchtend klar,
aufgespannt im Bogen,
glitzern, funkeln, wunderbar,
von unten bis nach oben.

Das Wasser fällt und fällt,
stundenlang, tagein tagaus,
nicht gewogen nicht gezählt,
keiner findets je heraus.

Kostenlos

Die Armen und Kranken dieser Welt
werden nicht mehr mitgezählt,
sie erscheinen in keiner Statistik mehr,
Hunger zu berechnen ist eben schwer.

Wachstum und Aufschwung ist denen schnuppe,
lieber wäre ihnen eine heiße Suppe,
von unserer Gesellschaft nur die Reste,
für sie wären dies die größten Feste.

Doch wir sind ja satt und träge,
sehen nur noch die Erträge,
bei wenigen auf dieser Welt,
ist der Beutel voller Geld.

Einmal wird dies anders sein,
da werden wir auf die Armen angewiesen sein,
sie werden dann die Plätze vergeben,
kostenlos, nicht so wie im vorigen Leben.

Zukunft...oder?

Rauschen, Getöse, Donnergrollen,
Land versinkt im Meer.
Fassaden stürzen in die schäumende Gischt.
Ob Pappeln, ob Eichen,
viele über hundert Lenze,
fallen wie Halme von des Bauern Sense.
Keine Sonne, kein Mondlicht,
nur Funkenregen und Schwefelgeruch,
es ist die Hölle,
so steht es im heiligen Buch!
Dann hat die Wirklichkeit mich wieder,
Felsen und Steine fallen auf die Erde nieder.
Tausend? Millionen? ...werden erschlagen,
Viele beten, flehen Gott den Herrn an,
Vater unser im Himmel...
lange ist es her, als sie dies zum letzten Mal getan.
Schrilles Pfeifen,
ein letzter fürchterlicher Schlag,
die Erde zerbricht,
heut ist der jüngste Tag!
Schweißgebadet wache ich auf,
nur ein Traum?
Minuten vergehen,
habe ich in die Zukunft,
den letzten Tag gesehen???

Amen !

Apfelbäume tragen Früchte der Trauer,
Friedenstauben steigen nicht mehr auf !
Zwischen den Welten,
eine undurchdringliche Mauer,
bis in den Himmel, hoch hinauf.

Sie morden und brennen in Gottes Namen,
beiderseits der unsichtbaren Wand.
Alle sagen „Amen"!
Wer reicht zuerst die Hand ?

Die Handlanger des Teufels dürfen nicht siegen,
des Sensenmannes Knechte.
Sie feiern und lachen,
im Angesicht des Todes.

Wo sind Gute und Gerechte !